Kristian Kretzschmar

Einfluss von Führungsstilen auf die Software- und Unternehmensentwicklung

GRIN Verlag

Bibliografische Information der Deutschen Nationalbibliothek:

Die Deutsche Bibliothek verzeichnet diese Publikation in der Deutschen National-
bibliografie; detaillierte bibliografische Daten sind im Internet über http://dnb.d-
nb.de/ abrufbar.

Impressum:

Copyright © 2009 GRIN Verlag GmbH
Druck und Bindung: Books on Demand GmbH, Norderstedt Germany
ISBN: 978-3-656-49938-1

Dieses Buch bei GRIN:

http://www.grin.com/de/e-book/232794/einfluss-von-fuehrungsstilen-auf-die-soft-
ware-und-unternehmensentwicklung

GRIN - Your knowledge has value

Der GRIN Verlag publiziert seit 1998 wissenschaftliche Arbeiten von Studenten, Hochschullehrern und anderen Akademikern als eBook und gedrucktes Buch. Die Verlagswebsite www.grin.com ist die ideale Plattform zur Veröffentlichung von Hausarbeiten, Abschlussarbeiten, wissenschaftlichen Aufsätzen, Dissertationen und Fachbüchern.

Besuchen Sie uns im Internet:

http://www.grin.com/

http://www.facebook.com/grincom

http://www.twitter.com/grin_com

FOM Fachhochschule für Oekonomie & Management

Essen

Berufsbegleitender Studiengang

Wirtschaftsinformatik

3. Semester

Hausarbeit

im Fachbereich „General Studies I - Projektmanagement"

über das Thema

Einfluss von Führungsstilen auf die Software- und Unternehmensentwicklung

Autor:

Kristian Kretzschmar

07. Januar 2009

Inhaltsverzeichnis

Abbildungsverzeichnis

Tabellenverzeichnis

1 Einleitung

Die vorliegende Hausarbeit beschäftigt sich mit der Frage, welchen Einfluss Führungsstile auf die Software- und Unternehmensentwicklung haben. Dabei soll untersucht werden, wie sich die Entwicklung der Software sowie des Unternehmens, durch die einzelnen Führungsstile, in der heutigen Zeit beeinflussen lässt. Das daraus resultierende Ergebnis soll nicht zeigen, welches der beste Führungsstil generell ist, sondern welcher Führungsstil sich am ehesten für Unternehmen eignet, die Software herstellen. Zudem wird abschließend erklärt, welche Konsequenzen auf ein Unternehmen zukommen können, wenn ein falscher Führungsstil gewählt wird.

In der aktuellen wirtschaftlichen Krise ist es von enormer Bedeutung, dass ein Unternehmen mit einem zu ihm passenden Führungsstil geführt wird und sich stetig weiterentwickelt, um mit der Konkurrenz mitzuhalten. Unter Weiterentwicklung versteht man in diesem Fall sowohl die Entwicklung des Produktes als auch die Entwicklung der Mitarbeiter. Denn ohne motivierte und leistungsstarke Mitarbeiter kann sich ein Unternehmen nicht am Markt profilieren oder gar halten. Daher ist es von erheblicher Bedeutung, dass das Marketing nach innen in Bezug auf die Mitarbeiter in hohem Maße funktioniert.

Um eine Antwort auf diese Kernfrage der Hausarbeit zu erhalten, welcher Führungsstil sich besonders eignet, werden in dieser Arbeit zunächst die Grundlagen erklärt. Dazu zählen die Bedeutung von Führungsstilen, sowie die Qualitätseigenschaften von Software. Anschließend wird detailliert auf die „klassischen" Führungsstile eingegangen, welche die wichtigsten Komponenten dieser Arbeit sind. Nachdem sich über die verschiedenen Führungsstile ein Überblick verschafft werden konnte, wird deren Einfluss auf die Software- und Unternehmensentwicklung untersucht. Dazu wird in dem Kapitel - Führungsstile und deren Einfluss - das Vorgehen erläutert, wie sich die unterschiedlichen Führungsstile anhand von Kennzahlen in Bezug auf die Entwicklung vergleichen lassen. Das daraus resultierende Ergebnis wird mit Hilfe einer Grafik zum besseren Verständnis vereinfacht dargestellt. Der Abschluss dieser Arbeit wird durch ein Fazit und möglichen Folgen eines falschen Führungsstils geprägt.

2 Grundlagen

2.1 Die Bedeutung von Führungsstilen

Als Führungsstil bezeichnet man die Art und Weise, wie Vorgesetzte ihre Führungsaufgaben wahrnehmen und sich im Unternehmen gegenüber den Angestellten verhalten bzw. mit ihnen umgehen.[1] Diese Umgangsweise kann je nach Charakter des Vorgesetzten, sowie Art des Unternehmens unterschiedlich sein. Unter dem Führungsstil ist das Resultat der Ausgestaltung der Führungsfunktionen Planung, Entscheidung, Aufgabenübertragung und Kontrolle zu verstehen.[2]

In der Betriebswirtschaftslehre wird heutzutage meist zwischen den drei „klassischen" Führungsstilen unterschieden:[3]

- Autoritärer Führungsstil
- Kooperativer Führungsstil
- Laissez-Faire Führungsstil

Neben diesen „klassischen" Führungsstilen gibt es noch weitere Führungsstile, die jedoch zum Teil Abwandlungen dieser Führungsstile sind. Diese Unterscheidung geht auf eine bekannte Untersuchung des Psychologen Lewin (1890-1947) zurück, die er in den dreißiger Jahren in den USA durchgeführt hat. Bei dieser Studie wurde anhand von Jungengruppen die Wirkung verschiedener Führungsstile auf die Gruppenatmosphäre, Produktivität, Zufriedenheit, Gruppenzusammenhalt und Effizienz gemessen.[4]

---

[1] Vgl. Jenny, B. (2001): Projektmanagement in der Wirtschaftsinformatik, S. 413
[2] Vgl. Thommen, J. P., Achleitner, A.-K. (2001): Allgemeine BWL, S. 101ff.
[3] Vgl. Zell, H. (o.J.): http://www.ibim.de/management/3-2.htm, Stand 17.12.2008
[4] Vgl. Lück, H. E. (1996): Die Feldtheorie und Kurt Lewin : Eine Einführung, 1.Aufl., S.98

2.2 Qualitätseigenschaften von Software

In technischen und kommerziellen Softwaresystemen spielt heutzutage die Qualität der Software eine entscheidende Rolle. Sie ist ausschlaggebend für den Erfolg von Produkten oder Unternehmen. Daher ist es unabdingbar gewisse Konventionen bei der Softwareentwicklung einzuhalten, um die Qualität des Produktes zu sichern. Die grundliegenden Kriterien, die an die Qualität gestellt werden, lassen sich wie folgt darlegen.[5]

- **Korrektheit:** Übereinstimmung von Realisierung und Anforderungen (Exakte Erfüllung der Anforderungen).

- **Robustheit:** Verhalten gegen außergewöhnliche Bedienungen wie z.b. gegenüber Fehlprogrammierung, Fehlbedienung, Fehlbehandlung.

- **Portabilität:** Einsetzbarkeit erstellter Software auf anderen Zielsystemen (andere Hard- und Software).

- **Verifizierbarkeit:** Aufwand, mit dem Abnahmeprozeduren während der Validations- und Betriebsphase durchgeführt werden können.

- **Integrität:** Schutz der verschiedenen Komponenten gegen unberechtigten Zugriff und Veränderung.

- **Erweiterbarkeit:** Einfachheit der Anpassungsfähigkeit von Software an Spezifikationsänderungen.

- **Wiederverwendbarkeit:** Eigenschaften der Software ganz oder teilweise für neue Anwendungen wieder verwendbar zu sein.

- **Kompatibilität:** Einfachheit, mit der Software mit anderer Software verbunden werden kann.

- **Benutzerfreundlichkeit:** Einfachheit, mit der die Bedienung von Softwaresystemen (z.B. Bedienung, Art der Dateneingabe, Auswerten von Ergebnissen, Wiederaufsetzen nach Benutzerfehlern) erlernt werden kann.

---

[5] Vgl. Hübscher, H., Petersen, H.-J., Rathgeber, C., Richter, K. (2007): IT-Handbuch, 5. Aufl., S. 230

3 Führungsstile

3.1 Autoritärer Führungsstil

Die Führungsperson, die diesen Führungsstil verfolgt, handelt nach dem Motto: „Derjenige der führt, hat als einziger die Übersicht und die richtigen Lösungen"[6]. Das verdeutlicht, dass die Führungsperson die Absicht hat sämtliche Entscheidungen alleine zu treffen und seine Mitarbeiter autoritär zu führen. Der Begriff autoritär kommt aus dem lateinisch-französischen und beutet: „diktatorisch; unbedingten Gehorsam fordernd"[7] Dieser „Vorgesetzte führt kraft seiner Legitimationsmacht [und besitzt die alleinige] Entscheidungs- und Anweisungskompetenz"[8]. Er allein legt die Anweisungen und Aufgaben seiner Mitarbeiter fest. Da der Vorgesetzte seine Mitarbeiter nicht als Partner, sondern als Untergebene ansieht, fordert er nahezu bedingungslosen Gehorsam von seinen Beschäftigten. Der Vorgesetzte trifft alle Entscheidungen, ohne seine Mitarbeiter mit einzubeziehen oder diese nach ihrer Meinung zu fragen. Das bedeutet, dass die Mitarbeiter nicht über den Umfang der Arbeiten informiert werden, die für das Projekt umgesetzt werden müssen. Er „zeigt ihnen, nur wie sie ihre Arbeit ausführen müssen" und er legt fest, „wer welche Arbeiten auszuführen hat und wer mit wem zusammenarbeiten muss"[9].

Dieser Führungsstil zeichnet sich aus durch:[10]

- Ein hohes Maß an Lenkung durch die Führungsperson
- Strikte und umfangreiche Kontrolle
- Wenig Information an die Mitarbeiter
- Verbindliche Vorgaben und praktisch keine Delegation
- Willensdurchsetzung auf der Befehlsgrundlage
- Kritik, Tadel und Vorschriften durch die Führungsperson.

Die Mitarbeiter empfinden diesen Führungsstil eher als negativ:

- Sie fühlen sich stark bevormundet
- Sie fühlen sich unwissend
- Sie sind unzufrieden, weil die keine Entscheidungen treffen dürfen.

---

[6] o.V.,(o.J.): http://www.4managers.de/themen/fuehrungsstile/, Stand 22.12.2008
[7] o.V.,(o.J.): http://lexikon.meyers.de/wissen/autorit%C3%A4r, Stand 22.12.2008
[8] o.V.,(o.J.): http://www.forum-lb.de/referendariat/Fachbegriffe/paedagogische_Fachbegriffe_html /Fuehrungsstile.htm, Stand 22.12.2008
[9] Jenny, B. (2001): Projektmanagement in der Wirtschaftsinformatik, S. 414 (beide Zitate)
[10] Vgl. Jenny, B. (2001): Projektmanagement in der Wirtschaftsinformatik, S. 414

Durch diesen Führungsstil wird Initiative und Einfallsreichtum der Mitarbeiter verhindert, so dass diese in hohem Maße von der Führungsperson abhängig sind. Um die Korrektheit des Arbeitsablaufes zu gewährleisten, werden die Arbeitsergebnisse der Mitarbeiter unangekündigt durch den Vorgesetzen kontrolliert. Macht ein Mitarbeiter „einen Fehler, so wird [dieser] . bestraft anstatt eine konstruktive Hilfestellung zu bekommen"[11]. Ein autoritärer Führungsstil wird heutzutage dort eingesetzt, wo sehr einfache, repetitive oder dringliche Arbeiten durchgeführt werden müssen, da ein Führungsstil, bei dem im Vorfeld ausführliche Diskussionen geführt werden müssen, in manchen Situationen eher hinderlich ist. Zum Beispiel bei der Feuerwehr im Falle eines Brandes. Dort würden längere Diskussionen eine fatale Folge haben.[12]

[11] Lüßing, S., Thiele, S. (2007): Anfertigung einer Vergleichsstudie zu Führungsstilen und Führungsmitteln, S. 7
[12] Jenny, B. (2001): Projektmanagement in der Wirtschaftsinformatik, S. 414f.

3.2 Kooperativer Führungsstil

Typisch bei diesem Führungsstil ist, dass die Führungsperson seine Mitarbeiter aktiv in die Entscheidungsprozesse mit einbezieht und ihnen weitreichende Freiheiten bei der Lösung ihrer Aufgaben einräumt.[13] Der Vorgesetzte behält jedoch weiterhin die Führung, gibt aber an seine Beschäftigen Verantwortungsbereiche ab. Dadurch haben die Mitarbeiter die Möglichkeit bestehende Aufgaben und Probleme selbständig zu lösen. Die Führungsperson vermeidet seine Mitarbeiter autoritär zu führen, in dem er nicht einseitig befiehlt, sondern die „einzelnen Aufgaben . zur Diskussion"[14] stellt. Zudem ist die Führungsperson offen für Kritik und Einwendungen seitens seiner Mitarbeiter. Wodurch das selbstständige und kritische Denken, sowie die Eigeninitiative der Mitarbeiter gefördert wird. Der Vorgesetzte greift lediglich bei der Entscheidungsfindung und bei Schwierigkeiten, gezielt mit angemessener konstruktiver Kritik oder Belohnung, unterstützend ein.

Dieser Führungsstil ist gekennzeichnet durch:[15]

- Ein Mittelmaß an Lenkung
- Selbstkontrolle der Mitarbeiter
- Die Zielvereinbarung als Vorgabe
- Umfassende Information der Mitarbeiter
- Mithilfe bei der Arbeit durch die Führungsperson
- Gegenseitige Anerkennung als vollwertiger Partner
- Zwischenmenschliche Kommunikation anstelle des Anordnens und Befehlens
- Einen entsprechenden Freiraum für Mitarbeiter, um Erfahrungen sammeln und auch Fehler machen zu können (Selbsterfahrungswert).

Die Voraussetzungen um diesen Führungsstil anwenden zu können beschreibt das Wort „kooperativ" (miteinander) sehr zutreffend. Die Autorin Jenny Bruno bezeichnet diese Art der Führung sogar als ein Lebensmotto: „Er funktioniert natürlich nur dort, wo Führer und Geführte dieses Wort nicht nur verstehen, sondern auch leben"[16]. Um diesen Führungsstil im Unternehmen umsetzen zu

---

[13] Vgl. Eichholz, R. E. (2000): Benchmarking – Von den Besten lernen, S. 79
[14] Jenny, B. (2001): Projektmanagement in der Wirtschaftsinformatik, S. 415
[15] Vgl. Jenny, B. (2001): Projektmanagement in der Wirtschaftsinformatik, S. 415
[16] Jenny, B. (2001): Projektmanagement in der Wirtschaftsinformatik, S. 415

können braucht es Vertrauen, große soziale Kompetenz des Vorgesetzen und Sensibilität gegenüber den Bedürfnissen der Beschäftigten. Diese Art der Führung eignet sich besonders für komplexe Aufgaben, bei denen Mitarbeiter eigenständig arbeiten und über einen längeren Zeitraum hohe Leistung erbringen müssen.[17]

[17] Vgl. Jenny, B. (2001): Projektmanagement in der Wirtschaftsinformatik, S. 415

3.3 Laissez-faire-Führungsstil

Bei der Anwendung des Laissez-faire-Führungsstils setzt die Führungsperson vollständig auf das Eigenpotential der Mitarbeiter und lässt ihnen bei der auszuführenden Arbeit völlige Freiheit. Der Vorgesetzte nennt den Mitarbeitern weder Ziele noch macht er ihnen konkrete Vorgaben. Ziel dieser Führung ist es die Mitarbeiter so eigenständig und selbstverantwortlich arbeiten zu lassen, dass sie bei der Bewältigung des Tagesgeschäftes keine Führung durch den Vorgesetzen benötigen. Die Mitarbeiter definieren ihre Aufgaben und deren Organisation somit selbst. Der Vorgesetzte gibt sein Wissen und seine Erfahrungen nur dann weiter wenn er explizit danach gefragt wird. Er selbst arbeitet nicht an irgendwelchen Projekten mit und greift somit auch nicht in das Arbeitsgeschehen ein. Der Vorgesetzte kümmert sich nur um die Festlegung der Rahmenbedingungen wie Personalplanung und Aufbauorganisation. Da der Vorgesetzte weder Hilfestellung ausübt oder Fehlverhalten bestraft, unterliegen die Mitarbeiter lediglich ihrer eigenen Selbstkontrolle.[18]

---

[18] Vgl. Jenny, B. (2001): Projektmanagement in der Wirtschaftsinformatik, S. 416

4 Führungsstile und deren Einfluss

4.1 Untersuchungskriterien

Um die Frage zu klären, welchen Einfluss Führungsstile auf die Software- und Unternehmensentwicklung haben, werden in diesem Abschnitt die drei „klassischen" Führungsstile genauer untersucht und gegenübergestellt.

Dem Autor ist es wichtig bei dieser Untersuchung aufzuzeigen, welchen Einfluss der jeweilige Führungsstil auf die folgenden zwei Entwicklungsbereiche hat:

- Unternehmensentwicklung
- Softwareentwicklung

Der Bereich Unternehmensentwicklung gliedert sich in zwei weitere Unterpunkte:

- Leistung der Mitarbeiter
- Entwicklung der Mitarbeiter

Der Bereich Softwareentwicklung gliedert sich auch in zwei weitere Unterpunkte:

- Qualität
- Entwicklungszeit

Anhand dieser Unterscheidungskriterien lässt sich später ein genauer Vergleich erstellen, welchen Einfluss die einzelnen Führungsstile auf die Softwareentwicklung und zugleich auf die Unternehmensentwicklung haben.

4.2 Gegenüberstellung der Führungsstile

Autoritärer Führungsstil:

Die Vorteile des autoritären Führungsstils liegen darin, dass keine langen Diskussionen zwischen Mitarbeitern und Vorgesetzten geführt werden müssen. Das bedeutet, dass relativ schnelle Entscheidungen getroffen werden können, wenn zum Beispiel Änderungen an der Software vorgenommen werden sollen. Zugleich verringert sich durch diese Art der Führung auch die Entwicklungszeit der Software, da die komplette Planung nur durch eine Person geleitet und gelenkt wird. Die Mitarbeiter sind bei einem autoritären Führungsstil nur das ausführende Organ. Sie wissen aufgrund fester Regeln und Anweisungen, die durch den Vorgesetzen aufgestellt werden, genau was sie zu tun haben. Somit sind die Kompetenzen untereinander klar verteilt. Durch den autoritären Führungsstil erreicht man eine Verbesserung der Arbeitsleistung innerhalb der Gruppe von Beschäftigten. Diese Verbesserung lässt jedoch meist nach kurzer Zeit wieder nach, nämlich genau dann wenn die strengen Kontrollen durch den Vorgesetzten wegfallen. Jedoch gibt es bei diesem Führungsstil nicht nur Vorteile, sondern auch Nachteile. Ein sehr wichtiger Punkt ist dabei die Mitarbeitermotivation. Diese wird durch die einseitige Entscheidungs- und Anweisungskompetenz des Vorgesetzen in Mitleidenschaft gezogen. Die Mitarbeiter haben keine Möglichkeit eigene Meinung, Vorschläge oder Kritik mit in das Projekt einzubringen. Das kann sogar dazu führen, dass sich das Leistungspotential der Mitarbeiter auf Dauer verschlechtert, weil sie teilweise in ihrem Job unterfordert sind. Ebenfalls können sich die Qualitätseigenschaften der Software verschlechtern, denn der Vorgesetze ist allein für die Qualitätssicherung zuständig. Das heißt der Vorgesetzte muss ein hohes Maß an Erfahrung in der Softwareentwicklung und dem Einsatzbereich besitzen. Wenn diese Gegebenheiten nicht zutreffen, kann es im schlimmsten Fall sogar zu einem Existenzverlust führen. Eine weitere Gefahr droht durch mögliche Rivalitäten zwischen den einzelnen Mitarbeitern. Es kann zu Rangeleien und Kämpfen um die Gunst des Vorgesetzten kommen. Zum Andern können Mitarbeiter aus Angst oder gar Hass gegenüber ihrem Vorgesetzten zu Aggressionen neigen. Dieses Problem eskaliert spätestens dann, wenn der Vorgesetzte beispielsweise aus Krankheitsgründen ausfällt oder sogar durch Wegfall des Vorgesetzten die ganze Organisation mangels Selbstorganisation „kopflos" wird.

Kooperativer Führungsstil:

Bei dem kooperativen Führungsstil liegt der Vorteil vor allem in der hohen Motivation der Mitarbeiter. Die Mitarbeiter arbeiten aktiv am Projekt mit und können eigene Meinungen, Vorschläge oder Kritik mit in das Projekt einbringen. Der Vorgesetzte behält weiterhin die Führung des Projektes, aber gibt Verantwortungsbereiche an die Beschäftigten ab. Auf diese Weise wird der Vorgesetzte entlastet und gibt den Beschäftigten zugleich die Möglichkeit, bestehende Aufgaben und Probleme selbst zu lösen. Zudem wird durch die Aufteilung des Projektes in mehrere Verantwortungsbereiche das Risiko einer Fehlentscheidung minimiert. Anhand dieses Führungsstils wird die Kreativität, die Entwicklung und die Eigenständigkeit jedes Mitarbeiters gefördert, dadurch entwickelt sich ein angenehmes Arbeitsklima innerhalb des Unternehmens. Das hat zur Folge, dass die Leistungsfähigkeit der Mitarbeiter und die Qualitätseigenschaften der Software um ein vielfaches gesteigert werden. Als Nachteil ist zu erwähnen, dass ein kooperativer Führungsstil auch zu unendlichen und ausfernden Diskussionen führen kann. Das hat zur Folge, dass eventuell längere Entscheidungsphasen entstehen und sich die Entwicklungszeit verschieben kann. Dadurch können dem Unternehmen unerwartete Kosten entstehen, die nicht in der Projektplanung vorgesehen waren. Ein weiteres Risiko sind langwierige Debatten über verschiedene Lösungsmöglichkeiten, was zu Disziplinschwierigkeiten unter den Mitarbeitern führen kann. Auch die Disziplin gegenüber dem Vorgesetzten kann in Mitleidenschaft gezogen werden, da nicht alle Entscheidungen der Mitarbeiter berücksichtigt werden können. Deshalb ist die wichtigste und zugleich schwierigste Aufgabe des Vorgesetzen, eine optimale Balance zwischen sehr klaren Ansagen, konsequentem und fairen Auftreten zu finden.

Laissez-faire-Führungsstil:

Die Vorteile des Laissez-faire-Führungsstil liegen in der Gewährung von Freiheiten und in der eigenständigen Arbeitsweise der Mitarbeiter. Diese bestimmen ihre Arbeit, die Aufgaben und die Organisation selbst. Der Vorgesetzte greift nicht in das Geschehen ein, er legt lediglich die Rahmenbedingungen wie Personalplanung und Aufbauorganisation fest. Dadurch ist dieser hochgradig entlastet. Indem die Mitarbeiter selbstständig arbeiten, wird Kreativität und Weiterentwicklung gefördert, aber auch gefordert. Die Mitarbeiter können ihre persönlichen Ideen und Stärken in das Projekt einbringen, was dazu führt, dass im Unternehmen eine hohe Mitarbeitermotivation herrscht. Aufgrund des Eigenpotentials der Mitarbeiter entwickeln sich die Qualitätseigenschaften nach der Vorstellung des jeweiligen Mitarbeiters weiter. Was wiederum bedeutet, dass sich nicht unbedingt alle Bereiche der Qualitätssicherung weiter entwickeln. Denn jeder Mitarbeiter hat schließlich eine eigene Idee was, wo und wie verbessert werden soll. Hier liegen aber auch die Nachteile dieses Führungsstils. Es besteht die Gefahr, dass diese Art der Führung, zu Kompetenzstreitigkeiten, Rangkämpfen und Rivalitäten unter den Mitarbeitern führen kann. Weil sich die Aufgabenbereiche der unterschiedlichen Abteilungen überschneiden. Auch die Entscheidungsphasen können extreme Ausmaße annehmen, da jede Abteilung eine eigene Idee hat die umgesetzt werden soll. Dies führt im Endeffekt dazu, dass die Entwicklungszeit sich meist nicht einhalten lässt und sich auf unbestimmte Zeit verlängert. Diese Streitigkeiten unter den Mitarbeitern haben zu Folge, dass es leicht zu Disziplinlosigkeit und mangelnder Arbeitsmoral kommt. Die mangelnde Arbeitsmoral kommt jedoch auch aus dem Grund zustande, dass die Mitarbeiter weder ein positives noch ein negatives Feedback für ihre Arbeit erhalten. Viele Mitarbeiter schalten dann recht schnell ab und verlieren das Interesse am gemeinschaftlichen Arbeiten. Ein weiterer Grund für Motivationsverlust ist, dass manche Mitarbeiter aufgrund mangelnder Kontrolle völlige Planlosigkeit an den Tag legen und dadurch auch keine Leistung mehr erbringen. Eine Gefahr dieses Führungsstils besteht in der Gruppenbildung, wodurch Außenseiter benachteiligt werden und schlechtere Gruppen auf der Strecke bleiben.

4.3 Ergebnisse der Untersuchung

Durch die Gegenüberstellung der einzelnen Führungsstile und die im Vorfeld bereits benannten Kriterien ist der Autor zu folgender Erkenntnis gekommen:

	Softwareentwicklung		Unternehmensentwicklung	
	Qualität	Entwicklungszeit	Leistung der Mitarbeiter	Entwicklung der Mitarbeiter
Autoritärer Führungsstil	O	+	–	–
Kooperativer Führungsstil	+	O	+	+
Laissez-faire- Führungsstil	O	–	O	+
Legende	+ positiv		O neutral	– negativ

Tabelle 1: Ergebnisse der Untersuchung

Anhand der Grafik wird deutlich, welchen Einfluss die jeweiligen Führungsstile auf die Software- und Unternehmensentwicklung haben. Es zeigt sich, dass der kooperative Führungsstil einen positiven Einfluss auf die Qualität des Produktes hat und dadurch sogar eine Steigerung derer zu erreichen ist. Der Einfluss der beiden anderen Führungsstile hat dabei keine Auswirkung auf die Qualität, dort bleibt diese auf gleichem Niveau. Bei der Entwicklungszeit stellt sich der autoritäre Führungsstil als geeignetste Art der Führung heraus und es ist zu erkennen, dass ein Laissez-faire-Führungsstil an dieser Stelle sogar einen negativen Einfluss auf die Softwareentwicklung hat. Den besten Einfluss auf die Leistung bzw. Leistungssteigerung der Mitarbeiter hat der Kooperative Führungsstil. Wohingegen ein autoritärer Führungsstil sogar zur Folge hat, dass die Leistungsbereitschaft der Mitarbeiter zurückgeht. Bei der Entwicklung der Mitarbeiter zeigt sich, dass ein autoritärer Führungsstil einen negativen Einfluss auf deren Weiterentwicklung hat und nur durch der Einsatz eines laissez-fairen oder kooperativen Führungsstils positive Auswirkungen zu erreichen sind.

5 Folgen eines falschen Führungsstils

Wie man in dem vorherigen Kapitel entnehmen kann gibt es eine Vielzahl von positiven und negativen Eigenschaften die jeder einzelne Führungsstil in Bezug auf ein
softwareentwickelndes Unternehmen mit sich bringt. Um zu verdeutlichen welche
möglichen Folgen ein falscher bzw. nicht zum Unternehmen passender Führungsstil haben kann, wird in diesem Kapitel verdeutlicht.

Das größte Kapital eines jeden Unternehmens ist das Humankapital. Das Humankapital beschreibt die Qualifizierung, das Wissen und die Motivation der Mitarbeiter
im Unternehmen. Nur anhand dieses Kapitals ist es überhaupt möglich, in der aktuellen Wirtschaft gegenüber der Konkurrenz wettbewerbsfähig zu sein. Daher ist
es von enormer Bedeutung, dieses Gut zu erhalten und weiterzuentwickeln. Um
dies zu erreichen sollte das Marketing nach innen in Bezug auf die Mitarbeiter in
hohem Maße funktionieren. Unter dem Begriff internes Marketing versteht man,
dass die Führungsperson „alle Massnahmen [unternimmt], die dazu beitragen,
qualifiziertes, motiviertes und seinerseits marktorientiertes Personal zu gewinnen,
zu entwickeln und an das Unternehmen zu binden". Denn nur durch eine positive
Einstellung der Mitarbeiter gegenüber dem Unternehmen und der Führungsperson
ist eine hohe Leistungsbereitschaft gewährleistet, was wiederum zu einer positiven
Unternehmensentwicklung beiträgt. Ist diese positive Einstellung der Mitarbeiter
nicht gegeben, kann es zum Beispiel auf Grund von mangelnder Leistungsbereitschaft sehr schnell zu Komplikationen oder sogar zum Stillstand im Unternehmen
kommen. Die schlechte Stimmung im Unternehmen tritt in solchen Fällen dann
auch sehr oft ungewollt an die Außenwelt. Dies geschieht zum Beispiel dann wenn
Mitarbeiter mit Familienangehöri-
gen, Verwandten, Bekannten und
Freunden über die momentane
Situation im Unternehmen spre-
chen. Diese werden in diesem
Fall als Multiplikatoren bezeichnet, die ihren Eindruck über das
Unternehmen an die genannten
Dritten weitertragen. So entsteht
eine Mund-zu-Mund-Propaganda,

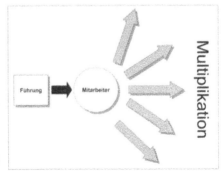

Abbildung 1: Mund-zu-Mund-Propaganda

die sich über weitere Stufen fortsetzt und sogar Kunden, Kooperationspartner oder die Presse über die aktuelle Lage im Unternehmen informieren kann. Da die Multiplikation mehrstufig in die Breite geht, ist erkennbar, welche Folgen ein „falscher" Führungsstil für ein Unternehmen haben kann. Negative Aussagen von Mitarbeitern aufgrund ihrer Unzufriedenheit müssen dabei nicht offen abwertend sein. Es reichen bereits Andeutungen, die die Phantasie der Gesprächspartner anregen („... ja, unsere Firma ist schon in Ordnung, aber ...", „... denke ich manchmal, der Chef könnte sich schon ein bisschen mehr Zeit für die Mitarbeiter und das Projekt nehmen ..."). Durch die schnelle Verbreitung der momentanen Situation im Unternehmen ist das geschaffene Image hochgradig bedroht. Ist einem Unternehmen erst einmal ein Imageverlust entstanden, so lässt sich dieser Zustand nur sehr schwer wieder verändern (Nokia). Zudem ist das wiederherstellen eines Images generell mit sehr hohen Kosten verbunden.

6 Fazit

Um zu verstehen, welchen Einfluss Führungsstile auf die Software- und Unternehmensentwicklung haben, wurde in der vorliegenden Arbeit diese Problematik genauer untersucht. Dazu wurde zu Beginn der Arbeit erklärt, was Führungsstile sind und welche Qualitätseigenschaften in der heutigen Zeit an Softwareprodukte gestellt werden. Es wurden die drei klassischen Führungsstile näher vorgestellt. Anhand verschiedener Kriterien wurde verdeutlicht, wie diese Einfluss auf die Software- sowie die Unternehmensentwicklung haben. Das daraus resultierende Ergebnis wurde anhand einer Grafik verdeutlicht. In dieser ist ersichtlich, welche Folgen es für ein Unternehmen haben kann, wenn ein Führungsstil gewählt wurde, der nicht zum Unternehmen passt.

Der Autor dieser Arbeit ist zur Erkenntnis gekommen, dass die Wahl des richtigen bzw. zum Unternehmen passenden Führungsstils ein sehr wichtiger Punkt im Projektmanagement ist. Wenn die Entscheidung der Führungsperson auf einen Führungsstil fällt, der nicht für softwareherstellendes Unternehmen geeigneten ist, kann das zur Verschlechterung der Mitarbeitermotivation führen. Das wiederum bedeutet, dass das Leistungspotential der einzelnen Mitarbeiter sinkt und die gesamte Weiterentwicklung des Unternehmens stagniert. Das heißt, dass die Entwicklungszeit einer Software nicht mehr planbar ist und der Fertigstellungszeitpunkt auf unbestimmte Zeit verschoben werden muss. Auch die Qualität der Software hat in den meisten Fällen unter den Folgen zu leiden. Ein Führungsstil, bei dem die Mitarbeiter motiviert werden, kreativ sind und sich mit dem Unternehmen identifizieren, ist hingegen ein großer Schritt nach vorne für die Entwicklung des Unternehmens. Die Mitarbeiter sind sehr leistungsfähig und bereit sich selbst weiter zu entwickeln, um das Unternehmen voran zu treiben, was sich natürlich positiv auf die gesamte Unternehmensentwicklung auswirkt.

In Kapitel 4 - Führungsstile und deren Einfluss hat der Autor genau zusammen gestellt, welche Auswirkungen die einzelnen Führungsstile auf die Software- sowie die Unternehmensentwicklung haben. Anhand der Grafik wird deutlich, dass sich der kooperative Führungsstil für ein Unternehmen welches Software produziert, besonders eignet. Dieser Führungsstil hat anhand der Kriterien, die der Autor ausgewählt hat die meisten positiven Bewertungen. Bei dieser Art der Führung erhält lediglich die Entwicklungszeit einen neutralen Punkt, da es aufgrund der Entscheidungsfindung zwischen den einzelnen Mitarbeitern zu Verzögerungen kommen kann. Es soll jedoch nicht bedeuten, dass der kooperative Führungsstil die optimale Lösung für die Führung eines Unternehmens ist. Er wird lediglich, anhand der vom Autor aufgestellten Kriterien, als bestgeeigneter Führungsstil im Bereich eines softwareentwickelnden Unternehmens empfohlen.

Literaturverzeichnis

BRUNO JENNY: Projektmanagement in der Wirtschaftsinformatik, Zürich: vdf
Hochschulverlag AG, 2001

EICHHOLZ, REINHOLD E.: Benchmarking – Von den Besten lernen, in:
Bilanzbuchhalter und Controller, Heft 1, 2000

*HÜBSCHER, HEINRICH / PETERSEN, HANS-JOACHIM / RATHGEBER, CARSTEN / RICHTER,
KLAUS / DR. SCHARF, DIRK:* IT-Handbuch. IT-Systemkaufmann/-frau,
Informatikkaufmann/-frau, 5.Aufl., Braunschweig: Westermann Verlag, 2007

LÜCK, HELMUT ECKARD: Die Feldtheorie und Kurt Lewin : Eine Einführung, 1.Aufl.,
Weinheim: BeltzPVU, 1996

LÜßING SARAH, THIELE SARAH: Anfertigung einer Vergleichsstudie zu Führungsstilen
und Führungsmitteln, München: GRIN Verlag, 2007

O.V.,(o.J.): http://www.4managers.de/themen/fuehrungsstile/, Stand 22.12.2008

O.V.,(o.J.): http://lexikon.meyers.de/wissen/autorit%C3%A4r, Stand 22.12.2008

O.V.,(o.J.): http://www.forum-lb.de/referendariat/Fachbegriffe/paedagogische_
Fachbegriffe_html/Fuehrungsstile.htm, Stand 22.12.2008

THOMMEN, JEAN-PAUL / ACHLEITNER, ANN-KRISTIN: Allgemeine
Betriebswirtschaftslehre: Umfassende Einführung aus managementorientierter
Sicht, 3. Aufl., Wiesbaden: Gabler Verlag, 2001

ZELL, HELMUT: http://www.ibim.de/management/3-2.htm, Stand 17.12.2008